채변 봉투 내는 날

ㄱㅁㄱ, 과도, 다리미, 드라이버, 뚫어뻥, 막대사탕, 붓, 삼각자, 숫자 1, 한글 자음 ㅅ

립스틱, 만두, ㅁㅊ, 모래시계, 성냥개비, 숫자 7,
전기 플러그, 젖병, 종, 크래커

다른그림찾기 ① 총 14곳

국민 악기, 피리 시험

쉿! 일기 몰아 쓰기는 비밀

권투장갑, 당근, 딱지, 몽당연필, 비프, 숫자 2, 악어, 양말, 커터칼, 팝콘

도시락 뺏어 먹기

야, 김밥이다!
너네 형 소풍 갔나?

각도기, 건전지, 면봉, 붕어빵, 새, 숫자 3,
요구르트병, ㅊㅅ, 편지봉투, 푸들

십자말풀이 ①

가로

2) 권투에서 주먹으로 치는 연습을 위한 자루. 🔂 샌드백
3) 꾸리어 싼 물건. 선물 ○○○.
5) 안내하는 사람을 뜻하는 외래어. 여행지에서 많이 볼 수 있다.
7) 오는 사람을 나가서 맞이함. 🔃 배웅
8) 유적이 있는 곳.
9) 하나하나 따로인 알.
10) 1996년 3월 이전까지 '초등학교'를 부르던 말.
12) 각종 경기에서 우승한 사람에게 주는 메달.
14) 땀방울이나 물방울이 잘게 맺힌 모양을 일컫는 부사.
16) 아는 것이 없음. 🔂 무식
17) 서로 마주 바라보이는 편.
18) 기묘하고 이상함.
19) 실물 없이 주식을 파는 행위. 주가 하락이 예상될 때 주로 이 행위를 한다.
21) 더위가 한창인 여름.
22) 멍멍이와 비슷한 글자 모양으로 강아지를 일컫는 신조어.

세로

1) 특정한 분야에서 권위를 인정받는 사람. 🔂 달인
2) 투자자로부터 모은 자금을 주식 및 채권 등에 투자해 수익을 돌려주는 간접 투자 상품.
3) 아랫사람의 잘못을 꾸짖는 말. 부모님께 ○○을 듣다.
4) 사소한 일까지 속속들이. ○○○○○○ 이야기하다.
6) 재해를 입은 사람.
7) 시간이나 순서상 맨 끝을 이르는 말.

8) 사서삼경을 경전으로 하는 종교. 고려는 불교의 나라, 조선은 ○○의 나라다.
10) 밀가루 따위를 반죽하여 가늘고 길게 뽑아낸 식품.
11) 창자를 낮잡아 이르는 말. ○○도 없다. ○○이 꼴리다.
12) 어떤 행위를 못하게 함.
13) 달을 맞이하는 일.
14) 쌀가루를 반죽하여 소를 넣고 찐 떡. 주로 추석 때 빚는다.
15) 맷과의 새. 배철수를 중심으로 한 동명의 밴드도 있다.
16) 제한이 없음.
18) '석유'를 달리 이르는 말.
19) 절구에 든 물건을 찧거나 빻는 기구.
20) 남을 돕는 일.

▶ 정답 p.78

▶ 정답 p.79

소풍의 꽃 장기자랑

강아지, 거북이, 닭다리, 바나나, 반창고, 발자국,
ㅅㅇ, 숫자 2, 양말, 조개

수학여행 단체 사진

골프채, ㄱㅂㅇ, 껌 종이, 막대사탕,
삼각자, 우산, 장도리, 초밥, 한글 자음 ㄹ, 효자손

다른그림찾기 ②
총 13곳

▶ 정답 p.80

걸렸다 vs 살았다

공깃밥, ㄱㅌ, 깔때기, 껌 종이, 꼬치 오뎅,
머그컵, 뼈다귀, 알파벳 H, 자동차, 조개

새, 스포이트, 아이스크림, 열쇠, ㅇㄹㅂ, 오징어, 올챙이, 창, 태극 문양, 한글 자음 ㄷ

십자말풀이 ②

가로

1) 지나간 일을 돌이켜 생각함. 이 책의 이름은 ○○의 숨은그림찾기.
3) 모르는 체 내버려 두어 인정함.
4) 소리를 높여 마구 꾸짖는 일. 엄마에게 ○○을 맞다.
6) 단시간에 사랑을 하는 사람이나 상태를 일컫는 신조어.
8) 어떤 일이나 상황에 대해 취하는 입장이나 마음가짐. 수업 ○○가 좋다.
9) 정육면체의 각 면에 하나부터 여섯까지 점을 새긴 것.
10) 조선 후기의 풍속 화가로 대표작품에 〈미인도〉가 있다. 호는 혜원.
11) 일정한 부호나 소리 등으로 특정한 내용을 전달하는 것. ○○를 보내다.
13) 집의 맨 꼭대기를 덮는 부분.
14) 병원에서 환자의 응급 처치를 할 수 있는 곳.
16) 고맙게 여김. ○○합니다.
17) 달걀, 우유, 설탕으로 만든 옅은 노란색의 식품. 주로 빵에 곁들여 먹는다.
18) 특별한 일이 없는 보통 때를 이르는 말.
20) 알맞은 정도를 뜻하는 부사. 🔁 똑바로
21) 경주 토함산에 있는 절로 통일신라 때 건립되었다. 이 절의 대웅전 앞뜰에 석가탑과 다보탑이 있다.
22) 자동이나 원격으로 조종되는 무인 비행 물체.

세로

2) 아주 많은 재산.
3) '가위바위보'를 속되게 이르는 말. 가위바위보를 변형해 연달아 공격하는 놀이도 이것으로 부른다.
4) 남의 눈을 피해 한밤중에 도망함.

5) 재앙과 근심, 걱정이 바뀌어 오히려 복이 됨.
7) 복지에 대한 전문 지식과 기술을 가진 사람.
12) 부름에 응답함. ㉤ 부응, 대응
15) 중국 내륙을 횡단하여 지중해까지 연결한 고대의 무역로. 중국의 명주를 교역한 데서 붙여진 이름이다.
16) 양이나 수치가 줄어듦. ㉰ 증가
18) 평온하고 화목함. ㉰ 전쟁
19) 귓바퀴 아래쪽에 붙은 살.
20) 조상들을 추모하여 음식을 바치는 의식.

▶ 정답 p.78

▶ 정답 p.79

페트병 통발 낚시

고구마, 공갈 젖꼭지, 막대 아이스크림, ㅁㄱㅈㅅ, 물음표, 뱀장어, 빨래집게, 알파벳 S, 올챙이, 조개

수박 서리 발각의 현장

공깃밥, 김밥, 늑대, 새, 숫자 2, 열대어, ㅊㅂ, 컬링 스톤, 푸들, 해마

다른그림찾기 ③
총 14곳

소쿠리로 참새 잡기

이불에 지도 그린 날

김밥, 나팔, 눈사람, 로켓, 뱀,
스 ㄴ ㄱ ㅂ, 알파벳 Y, 장도리, 짚신, 크래커

참빗과 머릿니

가오리, 나사못, 립스틱, 마우스, 밤,
알파벳 Z, 열대어, 오리, 콩나물, 하트

십자말풀이 ③

가로

1) 한 문중에서 맏이로만 이어 온 큰집. ○○○ 맏며느리.
3) 뜻하지 않게 갑작스레 많이 생긴 돈.
5) 늘 정해 놓고 거래를 하는 곳, 또는 손님.
7) 유리나 사기 따위로 둥글게 만든 놀이 기구. ○○치기.
8) 어떤 일을 하는 데 적절한 시기나 경우. ○○를 잡다.
10) 김장이나 모내기 등 힘든 일을 서로 거들어 품을 지고 갚고 하는 일.
11) 짐승의 뿔이나 플라스틱으로 만든 안경테.
12) 목의 뒷등이 되는 부분.
13) 감기의 순우리말.
14) 파랑과 노랑의 중간색.
15) 늘 분주하게 이리저리 떠돌아다니는 팔자를 이르는 말.
18) 예금과 대출을 주요 업무로 하는 금융 기관.
19) 습관적으로 쓰는 어구. 단어 각각의 뜻으로는 알 수 없다.
20) 과세 대상이 되는 소득을 결정하기 위해 일정한 금액을 빼는 일.

세로

1) 색종이로 학, 배, 비행기 따위를 만드는 일.
2) 여럿이 모여 이룬 모임. 🈶 단체
3) 나랏일을 맡아 다스리는 자리. ○○길에 오르다.
4) 세르반테스의 소설. 주인공 ○○○○가 산초를 데리고 모험하는 내용이다.
6) 오래되었거나 희귀한 옛 물품.

7) 땅이 움푹하게 파인 곳.
9) 지나간 일을 돌이켜 생각하며 적은 기록.
11) 제각기 따로따로 흩어지는 모양을 나타내는 부사. ○○○ 흩어지다.
14) 처음에 세운 뜻을 끝까지 밀고 나감. 🔂 시종일관
15) 원래 달려야 하는 방향과 다른 방향으로 달리는 것.
16) '사람을 죽이는 미소'라는 뜻의 신조어.
17) 국가가 국민에게 강제로 병역의 의무를 지우는 제도. 지원자를 모집하는 것은 모병제.
18) 특정한 부류의 사람들끼리 서로만 알아듣게 쓰이는 특수한 말. 같은 음의 물고기 이름도 존재한다.

▶ 정답 p.78

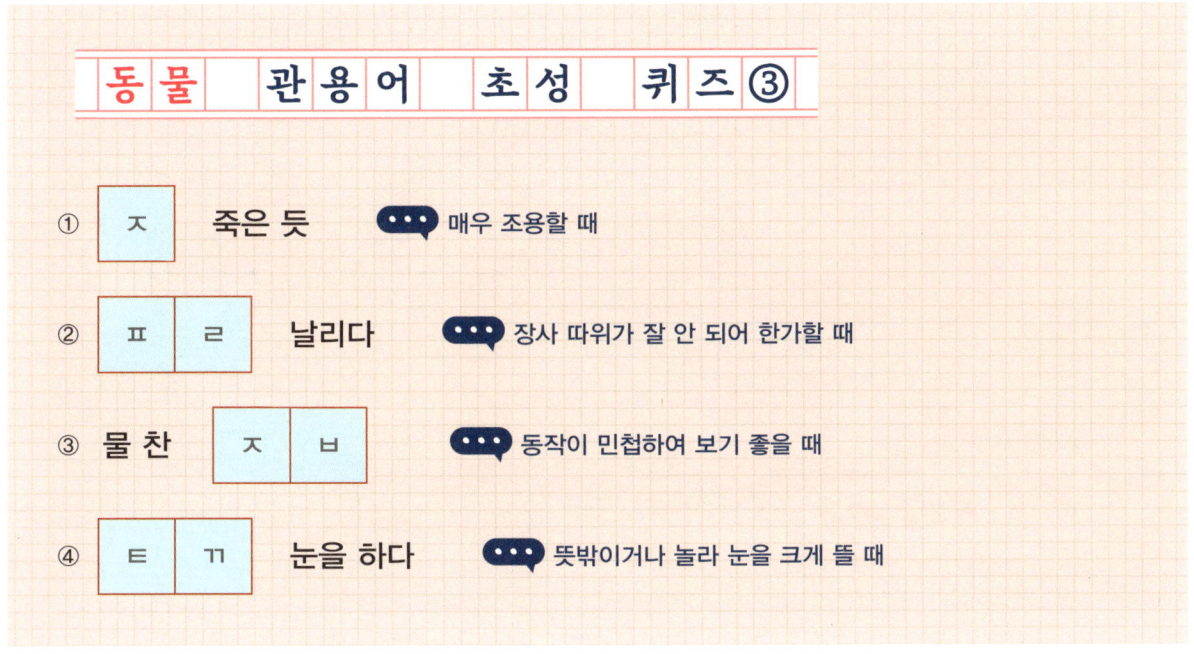

▶ 정답 p.79

옛날 드론, 고무동력기

구운 가래떡, 막대사탕, ㅁㄱㄱ, 버섯, 부엌칼,
손톱깎이, 알파벳 A, 알파벳 E, 이빨, 태극 문양, 호루라기

하늘 높이 방방!

권총, 껌 종이, 단추, 모래시계, 배드민턴 공,
배추, 빗, ㅇㅈㅇ, 쭈쭈바, 하트

다른그림찾기 ④

총 13곳

뿅뿅 한 판? 오락실

신문지 불려 만든 종이탈

눈사람, 뼈다귀, ㅇㅇ, 알파벳 q, 요리사 모자, 은행잎, 이빨, 지렁이, 쭈쭈바, 촛불

잠자리 잡고 풀피리 불던

ㄱㄱㅂ, 바늘, 병아리, 볼펜, 뽕망치,
숫자 3, 옥수수, 팝콘, 한글 자음 ㅂ, 화분

십자말풀이 ④

가로

1) 대한민국의 수도.
3) 공무원 시험을 준비하는 사람을 일컫는 신조어.
6) 어떤 일을 양보하여 협의함.
7) 문서로써 명백히 함.
8) 어떤 일의 사무를 맡아 처리함. 또는 관직에 있는 사람.
9) 우편 업무를 중점적으로 맡는 기관.
11) 본래 살던 집에서 다른 집으로 거처를 옮김. 🔄 이사
12) 일반 백성들 사이. ○○ 기관은 정부 기관의 반대.
15) 이차 성징이 나타나며 육체적·정신적으로 성인이 되어 가는 시기.
16) 활등처럼 굽은 나무 막대기. 회전하며 날아갔다가 다시 돌아오는 것이 특징.
18) 혈액을 몸 전체로 보내는 기관. 사물의 중심을 비유적으로 이르는 말.
21) 갑자기 세차게 쏟아지다 그치는 비.
23) 편히 쉬는 곳.
25) 자기를 가르쳐서 인도하는 사람.

세로

2) 담장 대신에 경계를 지어 막는 물건.
3) 생활이나 행동 등을 같이하는 집단.
4) 사람이 살아서 숨 쉬고 활동할 수 있게 하는 힘. ○○ 존중. ○○ 과학.
5) 마주 대하여 이야기를 주고받음. 또는 그 이야기. 🔄 담화
8) 관심을 끄는 일.
9) 모든 천체를 포함하는 공간. 미국 기업 스페이스X가 ○○ 여행 시대를 열었다.

10) 국가를 구성하는 사람.
11) 자기 자신의 이익만을 꾀하는 마음. 반 애타심
13) 기관이나 조직에서 책임을 맡은 사람.
14) 남에게 드러내어 뽐내는 일. 또는 그럴 만한 거리. 장기 ○○.
17) 현실에 기반한 가상 공간으로, 사용자는 아바타를 이용해 사회, 경제, 문화적 활동을 한다.
19) 어떤 일이 일어나는 곳을 이르는 말. 공공 ○○.
20) 개인이 날마다 겪은 일이나, 생각 따위를 적는 기록.
22) 자석의 특징을 이용해 지리적인 방향을 가리키는 물건.
23) 가까운 사이에서 만나거나 헤어질 때 하는 인사말.
24) 시간이나 순서로 맨 앞. 반 나중

▶ 정답 p.78

▶ 정답 p.79

라디오 녹음하던 시절

과도, ㄴㅅㅂㄴ, 네잎클로버, 달걀프라이, 등대,
숫자 6, 양궁 과녁, 여우, 전통부채, 화살표

종이학 천 마리

건빵, 꼬치 오뎅, 다이아몬드, 돛단배, 손전등,
알파벳 H, 우유갑, ㅈㅇㅂㅎㄱ, 화살표, 효자손

다른그림찾기 ⑤ 총 12곳

달리는 로맨스, 로라장

응답하라, 공중전화

돛단배, 두더지, 모터보트, 불가사리, ㅅㄱㅈ, 알파벳 F, 야구방망이, 우주선, 은행잎, 칠판지우개

첫 이별 후 포장마차

가지, 꼬치 오뎅, 늑대, 물음표,
생선뼈, 숫자 5, 열쇠, 토끼, 하트, ㅎ ㅂ

십자말풀이 ⑤

가로

1) 어린아이 같은 말씨나 태도를 보이는 일. ○○○을 부리다.
4) 음악을 중심으로 한 종합 무대 예술. 비슷한 공연 예술로 '뮤지컬'이 있다.
6) 장수처럼 투구 모양의 뿔을 지닌 곤충.
8) 주로 땅 위에서 공격과 방어를 담당하는 군대.
9) 여러 기업을 거느리며 막강한 재력과 거대한 자본을 가지고 있는 자본가.
10) 이것에 공기를 넣어 부풀리면 아이들이 좋아한다.
11) 파리를 때려잡는 데 쓰는 채.
13) 생물에게 직간접적으로 영향을 주는 조건이나 상황. ○○ 오염.
14) 이것에 물리면 무척 간지럽다.
16) 불로 인한 재난.
18) 노예 해방을 선언한 미국의 대통령.
20) 싫어하고 미워함. 특정 집단에 대한 ○○ 표현이 사회적 문제가 되고 있다.
22) 따뜻하고 차가움의 정도.
23) 주식 시장에서 단기 이동 평균선이 장기 이동 평균선을 상향 돌파하는 것. 추세가 바뀌는 신호이다. 반 데드크로스
25) 질환을 진단받은 사람.

세로

1) 제사상을 차릴 때 생선은 동쪽에, 고기는 서쪽에 놓는 일.
2) 많은 사람이 모일 수 있는 넓은 곳.
3) 주로 학교에서 현장 학습이나 휴식을 위해 야외로 나갔다 오는 일.
4) 긴 타원형의 채소로 시원하고 독특한 향이 특징이다.
5) 서로 이기거나 앞서려고 경쟁하는 맞수를 가리키는 외래어.

7) 물과 하늘이 맞닿아 경계를 이루는 선. 땅과 하늘이 맞닿은 경계는 지평선.
9) 콧속 신경이 자극받을 때 갑자기 코로 숨을 내뿜는 행위.
10) 자연의 경치를 그린 그림. 유 산수화
12) 멀리 떨어진 기계를 제어하는 장치.
15) 심하게 싫어하고 미워하는 것을 나타내는 신조어.
17) 기업이나 개인이 돈을 불리기 위해 벌이는 여러 활동. '재무 테크놀로지'의 줄임말.
19) 영조의 둘째 아들으로 영조의 미움을 받아 뒤주 속에 갇혀 죽었다.
21) 닭 품종의 하나로, 살, 가죽, 뼈가 모두 어두운색이다.
24) 인간처럼 움직이고 말도 하는 기계 장치.

▶ 정답 p.78

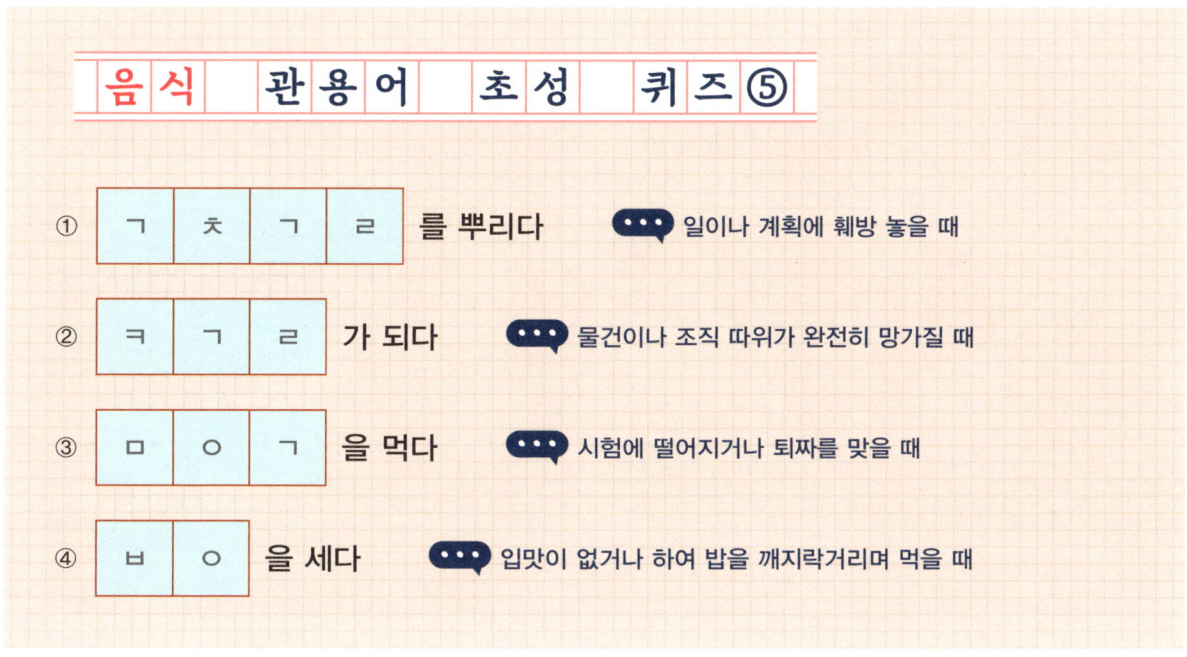

▶ 정답 p.79

구세군 자선냄비

고추, 띠ㅋ, 못, 배추, 손전등, 식빵, 체리, 토끼, 한글 자음 ㅂ, 회오리 사탕

메리 크리스마스

각도기, ㅂㅁㄹ, 사냥총, 상어, 솜사탕, 스페이드(♠), 작살, 장도리, 해마, 활

다른그림찾기 ⑥ 총 13곳

공포의 불주사

1988 서울 올림픽

도마뱀, 딱지, 면봉, 스페이드(♠), 스포이트, 산타 모자, ㅅㅈㄷ, 요구르트병, 콩나물, 한글 자음 ㄷ

삼풍백화점 붕괴 사고

거위, 바늘, ⬚비⬚즈⬚, 빨래집게, 뼈다귀, 사탕,
알파벳 W, 야구방망이, 촛불, 활

십자말풀이 ⑥

가로

1) 교통이 혼잡한 시간을 나타내는 외래어.
3) 직장과 주거지가 가까이에 있음을 나타내는 신조어.
5) 골프에서 티샷이 단번에 그대로 홀에 들어가는 일.
8) 내용을 알기 위해 자세히 살펴보거나 찾아보는 일. 심층 ○○. 🔵 검사
9) 묵을 담은 사발.
11) 자신의 가치나 능력을 믿고 당당히 여기는 마음.
12) 자기의 작용이 미치는 공간.
14) 책임이나 죄를 없애 주는 일을 비유적으로 이르는 말. ○○○를 주다.
16) 먹기 위해 잡은 물고기.
18) 고요하고 쓸쓸함. 적적하고 쓸쓸한 풍경을 '○○강산'이라고 한다.
20) 국가가 제도적으로 시행하는 교육. 🔴 사교육
22) 서로 옳으니 그르니 하며 다투는 모양.
23) 육체적으로나 정신적으로 괴로운 느낌. 🔵 고통

세로

2) 미국의 대표적인 팝 아트 작가. 앤디 ○○.
3) 일정한 직장에 근무하는 사람을 통틀어 이르는 말.
4) 앞뒤 말을 연결해주는 부사. '그러나', '그리고', '그런데' 등이 있다.
6) 세계의 모든 사람.
7) 아무 말 없이 잠잠히 있는 상태.
8) 잘못이나 실수가 없도록 말이나 행동에 마음을 씀. 넘어지지 않게 ○○하다.

10) 발로 밟은 자리에 남는 모양. 🔗 발자취
11) 중국 요리의 하나. 고기와 채소를 춘장과 함께 볶은 소스에 면을 비벼 먹는다.
13) 물건을 고치는 일.
15) 재앙을 물리치기 위해 붉은색으로 글씨나 그림을 그려 넣은 종이.
16) 살아서 겪는 지옥. 아주 괴롭고 힘든 곳 또는 상태.
17) 남에게 귀엽게 보이는 태도.
19) 메밀면으로 만든 국수. 춘천의 유명한 음식이다.
20) 나라에 특별한 공을 세운 신하. 일등 ○○.
21) 어린아이를 기름.

▶ 정답 p.78

초능력자? 마술사! 유리겔라

머그컵, 못, 몽당연필, 반창고, 배추,
알파벳 D, 열대어, 오리발, 참외, ㅌㄲ

고추, 권총, 꽈배기, 라면 사리, 버섯, 스케이트화, 알파벳 T,
ㅈㅅ, 조개, 하키채, 한글 자음 ㄹ

다른그림찾기 ⑦ 총 13곳

전설이 된 영화, 영웅본색

안방극장 레슬링 열풍

낚싯바늘, 도토리, 뱀, 볼펜, 비행접시, 알파벳 y,
젖병, ㅈㅅㅇ, 파리채, 편지봉투

이 나이에 내가 하리

▼ 정답 p.77

가오리, 껌 종이, 달팽이, 두더지, 모래시계, 뱀, 새총, 손톱깎이, 알파벳 L, ㅈㄹㅇ

십자말풀이 ⑦

가로

1) 화산암의 하나로 제주에 많다.
3) 공연히 조그만 흠을 들추어 불평하는 것. 🔂 꼬투리
5) 마음에 품은 감정이나 정서가 겉으로 드러나는 것. 얼굴 ○○이 안 좋다.
7) 줄과 줄 사이. 글에 숨은 뜻을 비유적으로 이르는 말.
8) 착각을 하여 잘못함. 또는 그런 잘못.
9) 정면으로 맞서 싸움을 걺. ○○ 정신.
10) 이모의 자녀를 이르는 말. 외삼촌의 자녀는 '외종사촌'이다.
12) '자신의 힘으로'를 뜻하는 부사.
13) 중국 서남부의 고원 지대. 원래는 독립국이었으나 중국으로 강제 합병되었다.
15) 서양식 음식점을 뜻하는 외래어.
16) 비닐로 물건을 담을 수 있도록 만든 주머니.
19) 사람이나 동물 모양으로 만든 장난감.
20) '엄청 근엄하고 진지함'을 뜻하는 신조어.
21) 도라지를 말렸다 간 다음 꿀을 넣어 섞어 만든 것.

세로

1) 실제로 존재하는 사실이나 상태. 🔂 실상 🔁 가상
2) 조선 시대에 임금의 명에 따라 잠행을 하는 벼슬. 유명한 사람으로 박문수가 있다.
4) 어떤 것에 늘 마음이 쏠려 잊지 못하고 매달림. 🔂 애착
6) 조선 후기의 실학자. 정약용의 둘째 형으로 〈자산어보〉를 썼다.
9) 사람이나 차가 다닐 수 있도록 닦아 놓은 넓은 길.
10) 귀에 걸면 귀걸이, 코에 걸면 코걸이. 해석이 이렇게도 저렇게도 됨을 이르는 말.

11) 세련되지 못하고 어수룩한 모양이나 태도. 유 시골티
12) 적응이 어려운 환경에서 느끼는 심리적·신체적 긴장 상태를 뜻하는 외래어. ○○○○ 받다. ○○○○ 쌓이다.
14) 신혼 초의 남편을 이르는 말.
17) 밀봉한 자리에 도장을 찍는 일. 또는 그렇게 찍힌 도장.
18) 지표의 형태와 그 위의 사물을 그린 지도.
20) 양이나 정도가 아주 지나친 상태를 나타내는 부사. 사람이 ○○ 많다.

▶ 정답 p.78

▶ 정답 p.79

추석 이모저모

네잎크로버, ㅁㅇㅋ, 식빵,
알파벳 V, 역기, 은행잎, 자, 종이배, 태극 문양, 효자손

가마솥에 시루떡

가지, 고인돌, 구운 가래떡, ㄱㅊ, 깔때기, 꽈배기, 당근, 모자, 유령, 페인트붓

다른그림찾기 ⑧ 총 13곳

명절 차례상 풍경

▶ 정답 p.80

겨울을 준비하는 김장날

깃털, 땅콩, 립스틱, 멸치, 양말, 오리, 오이, 통마늘, ㅍㄱ, 해파리

달걀프라이, 모자, ㅂㄴ, 병뚜껑, 부엉이, 뼈다귀,
숫자 1, 쭈쭈바, 코끼리, 한글 자음 ㅂ

십자말풀이 ⑧

가로

1) 단군의 출생과 즉위에 관한 신화.
4) 외국에 나가 있던 사람이 자기 나라로 돌아오거나 돌아감.
6) 생산 공정과 기계 작업 따위를 사람 없이 진행하는 일.
8) 다른 사람이나 개체와 구별되는 고유의 특성.
9) 큰 돌을 쏘는 옛날 병기.
10) 사람에게 닥치는 세 가지 재해.
11) 그 자리나 장면에서 느껴지는 기분. ○○○ 좋다.
13) 일정한 기간을 둘로 나눌 때, 앞의 절반 기간. 반)하반기
15) 흥에 겨워 마음대로 즐기는 모양.
17) 돈을 넣을 수 있게 만든 물건.
18) 통신으로 연결된 상태. 반)오프라인
19) 잠을 자거나 누울 때 머리를 괴는 물건.
20) 문틈으로 들어오는 바람을 막기 위해 바른 종이.
23) 남자친구가 아닌, 성별만 남자인 친구를 뜻하는 신조어.

세로

1) 짤막하게 지은 글. 반)장편
2) 물체가 늘어나고 줄어드는 성질.
3) 자라서 어른이 된 사람. 보통 만 19세 이상의 남녀를 이른다.
5) 국제적인 목적이나 활동을 위해 두 나라 이상의 회원국으로 구성된 조직체.
6) 견디기 어려운 더위.
7) 48장으로 된 놀이용 딱지. 돈을 걸고 도박을 하는 경우도 있다.

8) 어떤 것들 사이에 끼여 있음. 🔄 개입
10) 우리나라 겨울 날씨가 사흘 춥고 나흘 따뜻한 현상을 이르는 말.
12) 기상 상태를 관측하고 예보하는 사무를 맡는 관청.
14) 피곤할 때에 몸을 쭉 펴고 팔다리를 뻗는 일. ○○○를 켜다.
15) 조선 시대 한양 도성의 동쪽 정문. 흔히 '동대문'으로 부른다.
16) 말의 새끼를 일컫는 말.
19) 인도차이나반도 동부에 있는 사회주의 공화국. 쌀국수가 유명하다.
21) 곡식이 잘 자라서 평년보다 수확이 많은 해. 🔄 흉년
22) 부친과 모친을 아울러 이르는 말.

▶ 정답 p.78

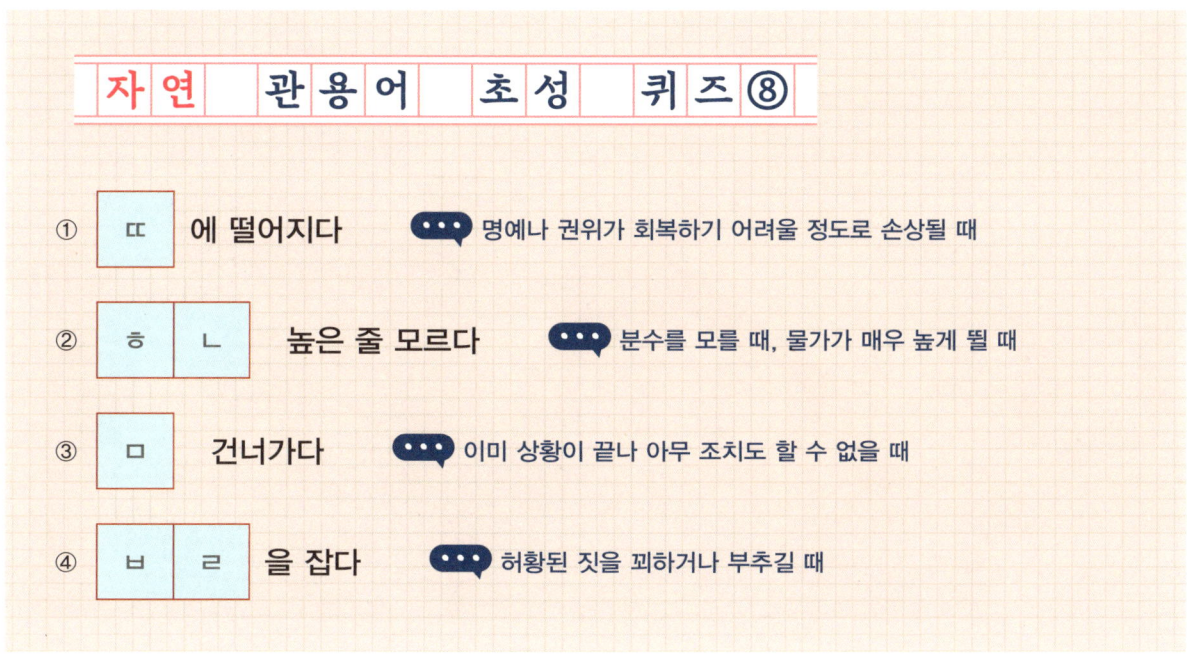

▶ 정답 p.79

명 받았습니다! 환송식

ㄷㄱ, 도끼, 립스틱, 만두, 말굽자석, 비행접시, 숫자 2, 유령, 자, 자동차

건전지, 고슴도치, ㄷㄹㅁ, 부메랑,
손거울, 알파벳 F, 야구방망이, 지렁이, 커터칼, 태극 문양

다른그림찾기 ⑨ 총 12곳

입영 열차를 타고

▶ 정답 p.80

왼발, 왼발! 제식 훈련

공깃밥, 땅콩, 막대 아이스크림, 면봉, ㅂㅊㄱ, 발자국, 병따개, 숫자 4, 한반도 지도, 핫도그

목메어 부르는 '어머니의 마음'

거북이, 밤, 빗, 손가락, 숫자 5, 오이, 작살, ㅈㅂ, 촛불, 칫솔

십자말풀이 ⑨

가로

2) 한 언어를 표기하는 규칙.
4) 어지간히 많은 수. 유 대다수
6) 자성을 가진 천연의 광석.
8) 도가 높아짐. 또는 정도를 높임.
9) 영혼까지 끌어모은다는 뜻의 신조어. 빚까지 끌어다 투자하는 것을 표현할 때 쓴다.
10) 봄철에 강원도 양양과 간성 사이에 빠른 속도로 부는 바람.
11) 외교나 무역, 전쟁 따위의 상대가 되는 나라.
13) 물이 빙빙 돌면서 흐르는 현상. 또는 그런 곳.
15) 서비스를 제공하는 산업.
17) 나이나 지위, 신분, 항렬 따위가 자기보다 높은 어른. 유 손윗사람
18) 자기의 의견을 바꾸거나 고치지 않고 굳게 버팀. ○○스럽다.
19) 사람의 입을 속되게 이르는 말.
20) 기온, 습도, 기압 따위가 하루 동안에 변화하는 차이.

세로

1) 돌아간 어버이 위로 대대의 어른.
2) 힘, 재주, 기량 따위가 서로 비슷하여 우열을 가리기 어려운 상대. 유 라이벌
3) 모퉁이의 안쪽.
5) 앞으로 얼마간의 시간에. 또는 잠시 동안에.
6) 스스로 그린 자기의 초상화.
7) 티와 먼지를 통틀어 이르는 말.
8) 예스러운 풍취나 모습. ○○스럽다.

9) 유럽의 북서쪽에 위치한 섬나라. 수도는 런던이다.
10) 토지, 건물 따위를 유상으로 양도하여 얻은 소득에 대한 세금. 줄여서 '양도세'라 부른다.
12) 외부에 대해서 지키도록 한 비밀.
14) 가까이 있거나 접하여 있는 집.
15) 열의 세 배가 되는 수를 일컫는 순우리말.
16) 기존 정보를 최신 정보로 바꾼다는 뜻의 외래어.
18) 마음속에 생각하고 있는 것이나 감추어 둔 것을 사실대로 숨김없이 말함.
19) 자동차를 일정한 곳에 세워 둠.

▶ 정답 p.78

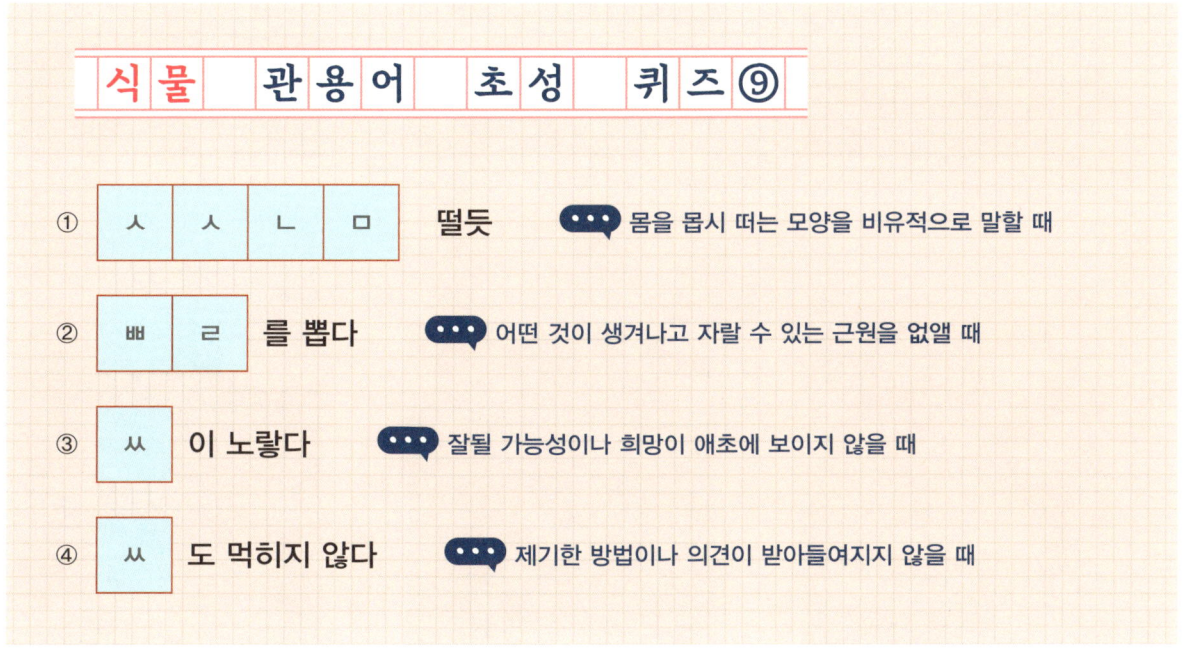

▶ 정답 p.79

숨은 그림 찾기 정답

p.2

갈매기, 과도, 다리미, 드라이버, 풀어빵, 막대사탕, 붓, 삼각자, 숫자 1, 한글 자음 ㅅ

p.3

립스틱, 만두, 멸치, 모래시계, 성냥개비, 숫자 7, 전기 플러그, 젖병, 종, 크래커

p.6

권투장갑, 당근, 딱지, 몽당연필, 볼펜, 숫자 2, 악어, 양말, 커터칼, 팝콘

p.7

각도기, 건전지, 면봉, 붕어빵, 새, 숫자 3, 요구르트병, 칫솔, 편지봉투, 푸들

p.10

강아지, 거북이, 닭다리, 바나나, 반창고, 발자국, 상어, 숫자 2, 양말, 조개

p.11

골프채, 금붕어, 껌 종이, 막대사탕, 삼각자, 우산, 장도리, 초밥, 한글 자음 ㄹ, 효자손

p.14

공깃밥, 깃털, 깔때기, 껌 종이, 꼬치 오뎅, 머그컵, 뼈다귀, 알파벳 H, 자동차, 조개

p.15

새, 스포이트, 아이스크림, 열쇠, 오리발, 오징어, 올챙이, 창, 태극 문양, 한글 자음 ㄷ

p.18

고구마, 공갈 젖꼭지, 막대 아이스크림, 말굽자석, 물음표, 뱀장어, 빨래집게, 알파벳 S, 올챙이, 조개

p.19
공깃밥, 김밥, 늑대, 새, 숫자 2, 열대어, 초밥, 컬링 스톤, 푸들, 해마

p.22
김밥, 나팔, 눈사람, 로켓, 뱀, 성냥개비, 알파벳 Y, 장도리, 짚신, 크래커

p.23
가오리, 나사못, 립스틱, 마우스, 밤, 알파벳 Z, 열대어, 오리, 콩나물, 하트

p.26
구운 가래떡, 막대사탕, 물고기, 버섯, 부엌칼, 손톱깎이, 알파벳 A, 알파벳 E, 이빨, 태극 문양, 호루라기

p.27
권총, 껌 종이, 단추, 모래시계, 배드민턴 공, 배추, 빗, 오징어, 쭈쭈바, 하트

p.30
눈사람, 뼈다귀, 악어, 알파벳 q, 요리사 모자, 은행잎, 이빨, 지렁이, 쭈쭈바, 촛불

p.31
공깃밥, 바늘, 병아리, 볼펜, 뿅망치, 숫자 3, 옥수수, 팝콘, 한글 자음 ㅂ, 화분

p.34
과도, 낚싯바늘, 네잎클로버, 달걀프라이, 등대, 숫자 6, 양궁 과녁, 여우, 전통부채, 화살표

p.35
건빵, 꼬치 오뎅, 다이아몬드, 돛단배, 손전등, 알파벳 H, 우유갑, 종이비행기, 화살표, 효자손

p.38

돛단배, 두더지, 모터보트, 불가사리, 삼각자, 알파벳 F, 야구방망이, 우주선, 은행잎, 칠판지우개

p.39

가지, 꼬치 오뎅, 늑대, 물음표, 생선뼈, 숫자 5, 열쇠, 토끼, 하트, 화분

p.42

고추, 땅콩, 못, 배추, 손전등, 식빵, 체리, 토끼, 한글 자음 ㅂ, 회오리 사탕

p.43

각도기, 부메랑, 사냥총, 상어, 솜사탕, 스페이드(♠), 작살, 장도리, 해마, 활

p.46

도마뱀, 딱지, 면봉, 스페이드(♠), 스포이트, 산타 모자, 손전등, 요구르트병, 콩나물, 한글 자음 ㄷ

p.47

거위, 바늘, 밤쥐, 빨래집게, 뼈다귀, 사탕, 알파벳 W, 야구방망이, 촛불, 활

p.50

머그컵, 못, 몽당연필, 반창고, 배추, 알파벳 D, 열대어, 오리발, 참외, 토끼

p.51

고추, 권총, 꽈배기, 라면 사리, 버섯, 스케이트화, 작살, 조개, 하키채, 한글 자음 ㄹ

p.54

낚싯바늘, 도토리, 뱀, 볼펜, 비행접시, 알파벳 y, 젖병, 주사위, 파리채, 편지봉투

p.55

가오리, 껌 종이, 달팽이, 두더지, 모래시계, 뱀, 새총, 손톱깎이, 알파벳 L, 지렁이

p.58

네잎크로버, 마이크, 식빵, 알파벳 V, 역기, 은행잎, 자, 종이배, 태극 문양, 효자손

p.59

가지, 고인돌, 구운 가래떡, 권총, 깔때기, 꽈배기, 당근, 모자, 유령, 페인트붓

p.62

깃털, 땅콩, 립스틱, 멸치, 양말, 오리, 오이, 통마늘, 펭귄, 해파리

p.63

달걀프라이, 모자, 바늘, 병뚜껑, 부엉이, 뼈다귀, 숫자 1, 쮸쮸바, 코끼리, 한글 자음 ㅂ

p.66

당근, 도끼, 립스틱, 만두, 말굽자석, 비행접시, 숫자 2, 유령, 자, 자동차

p.67

건전지, 고슴도치, 다리미, 부메랑, 손거울, 알파벳 F, 야구방망이, 지렁이, 커터칼, 태극 문양

p.70

공깃밥, 땅콩, 막대 아이스크림, 면봉, 반창고, 발자국, 병따개, 숫자 4, 한반도 지도, 핫도그

p.71

거북이, 밤, 빗, 손가락, 숫자 5, 오이, 작살, 젖병, 촛불, 칫솔

십자말풀이 정답

❶ p.8

대		편	칭	백		꾸	러	미
가	이	드		마	중		주	
		재		유	적	지		낱	알
국	민	학	교		막			고
수				배			주	
	금	메	달		송	알	송	알
무	지		맞	은	편		골	
제		기	이			공	매	도
한	여	름		댕	댕	이		움

❷ p.16

추	억		묵	인		야	단
	만		찌		반		전
	금	사	빠		태	도		화
		회				주	사	위
신	윤	복		신	호			복
		지	붕		응	급	실
		감	사				크	림
평	소		귓		제	대	로
화		불	국	사		드	론

❸ p.24

종	갓	집			벼	락	돈
이		단	골	구	슬		키
접		동		덩			호
기	회		품	앗	이		뿔	테
	고	개				고	불
초	록		역	마	살	이
지			주		인		징
일	은	행			미		병
관	용	어		소	득	공	제

❹ p.32

서	울		공	시	생		대
		타	협		동		명	문	화
관	리		우	체	국
체							자
심		이	주		민	간
사	춘	기				부	메	랑
		심	장		일		타
			소	나	기		버
안	식	처		침		스	승
녕				음	반

❺ p.40

어	리	광		소		오	페	라
동		장	수	풍	뎅	이		이
육	군		평				재	벌
서		풍	선		파	리	채
	환	경					모	기
극	화	재	링	컨				사
험	오		테		온	도
골	든	크	로	스			세
계		봇			확	진	자

❻ p.48

러	시	아	워		직	주	근	접
			홀	인	원			속
		침		류		조	사
	묵	사	발		자	부	심
			자	기	장
		수	국		면	죄	부
생	선			애		적	막
지		공	교	육			국
옥	신	각	신		아	픔	수

❼ p.56

현	무	암		트	집		표	정
실		행	간		착	오		약
			어				도	전
이	종	사	촌		스	스	로
현			티	베	트		신
령				레	스	토	랑
비	닐	봉	지		스
현		인	형		엄	근	진
령			도	라	지	청

❽ p.64

단	군	신	화		성		귀	국
편		축		무	인	화		제
	개	성		더		투	석	기
삼	재		분	위	기			구
한				상	반	기
사	흥	청	망	청		지	갑
온	라	인		아		베	개
	문	풍	지		트		양
			년		남	사	친

❾ p.72

조		맞	춤	법		구
상	당	수		자	석	티
	분		고	도	화		영	끌
양	간	지	풍		상	대	국
도							외
소	용	돌	이		서	비	스	업
득		웃	어	른			데
세	고	집			주	둥	이
	백		일	교	차		트

관용어 초성 퀴즈 정답

❶ p.9
① 가슴 에 멍이 들다
② 손가락 안에 꼽히다
③ 눈살 을 찌푸리다
④ 머리털 이 곤두서다

❷ p.17
① 배꼽 을 잡다
② 무릎 을 꿇다
③ 발 벗고 나서다
④ 손바닥 뒤집듯

❸ p.25
① 쥐 죽은 듯
② 파리 날리다
③ 물 찬 제비
④ 토끼 눈을 하다

❹ p.33
① 거짓말을 밥 먹듯 하다
② 국물 도 없다
③ 골탕 을 먹다
④ 호박씨 를 까다

❺ p.41
① 고춧가루 를 뿌리다
② 콩가루 가 되다
③ 미역국 을 먹다
④ 밥알 을 세다

❻ p.49
① 숟가락 을 놓다
② 입에 자물쇠 를 채우다
③ 방망이 가 치밀다
④ 바가지 를 긁다

❼ p.57
① 경종 을 울리다
② 가시방석 에 앉다
③ 변죽 을 울리다
④ 비행기 태우다

❽ p.65
① 땅 에 떨어지다
② 하늘 높은 줄 모르다
③ 물 건너가다
④ 바람 을 잡다

❾ p.73
① 사시나무 떨듯
② 뿌리 를 뽑다
③ 싹 이 노랗다
④ 씨 도 먹히지 않는다

79

다른그림찾기 정답

❶ p.4

❷ p.12

❸ p.20

❹ p.28

❺ p.36

❻ p.44

❼ p.52

❽ p.60

❾ p.68